Convolutional Neural Networks (CNN). Eigenschaften und Lernalgorithmen

Julian Sternitzke

Bibliografische Information der Deutschen Nationalbibliothek:

Die Deutsche Nationalbibliothek verzeichnet diese Publikation in der Deutschen Nationalbibliografie; detaillierte bibliografische Daten sind im Internet über http://dnb.d-nb.de abrufbar.

ISBN: 9783389000540
Dieses Buch ist auch als E-Book erhältlich.

Druck und Bindung: Books on Demand GmbH, Norderstedt Germany
Gedruckt auf säurefreiem Papier aus verantwortungsvollen Quellen

Das vorliegende Werk wurde sorgfältig erarbeitet. Dennoch übernehmen Autoren und Verlag für die Richtigkeit von Angaben, Hinweisen, Links und Ratschlägen sowie eventuelle Druckfehler keine Haftung.

Das Buch bei GRIN: https://www.grin.com/document/1458222

Julian Sternitzke

Convolutional Neural Networks (CNN)

Eigenschaften und Lernalgorithmen für CNN

Assignment

Abgabedatum: 02.03.2024

Inhaltsverzeichnis

Abbildungsverzeichnis

1. Einleitung

1.1. Ziel der Arbeit

Spätestens seit dem Sieg von Google DeepMinds Programm „AlphaGo" gegen den Go-Spitzenspieler Lee Se-dol im März 2016 sind *Deep Learning* und *Künstliche Neuronale Netze* (KNN[1]) im medialen Mainstream angekommen. Für den Erfolg von AlphaGo ist jedoch eine außerhalb von Fachkreisen weniger bekannte Variante des Deep Learnings namens *Convolutional Neural Networks* (CNN) verantwortlich, die normalerweise für die Bilderkennung eingesetzt wird. In diesem Bereich sind die CNN spätestens ab dem Jahr 2015 zum Standard geworden (vgl. Frick u. a. 2021, S. 212; Kaplan 2017, S. 62; Weidman 2020, S. 135-137).

Primärziel der vorliegenden Arbeit ist es, den grundlegenden Aufbau und die Funktionsweise von CNN zu erläutern. Dabei wird ebenfalls die Regularisierungsmethode Dropout zur Effizienzsteigerung vorgestellt, sowie fortgeschrittene CNN-Architekturen und Layertypen angeschnitten. Ein genereller Überblick über KNN soll dabei zum besseren Verständnis der Architektur beitragen. Um die Bedeutung von CNN für das Deep Learning darzustellen, wird die historische Entwicklung dieser Disziplin im Allgemeinen und von CNNs im Speziellen skizziert. Weiterhin werden Einsatzmöglichkeiten von CNN abseits der Bilderkennung vorgestellt.

1.2. Aufbau der Arbeit

Das Assignment ist in vier Kapitel gegliedert. Auf die Einführung in die Fragestellung in Kapitel 1 folgt der Hauptteil mit den Kapiteln 2 und 3. Kapitel 2 stellt ein Grundlagenkapitel dar, in dem Deep Learning definiert und die Bestandteile und Wirkmechanismen eines KNN anhand von Feedforward-Netzen vorgestellt werden. Kapitel 3 befasst sich eingehend mit CNN. Zunächst werden der Aufbau und die unterschiedlichen Layertypen erklärt. Anschließend wird die Funktionsweise von CNN erläutert, wobei auch auf Unterschiede zur KNN-Architektur aus Kapitel 2 eingegangen wird. Weiterhin wird die Regularisierungsmethode „Dropout" für die Effizienzsteigerung tiefer Netze beleuchtet sowie neuartige CNN-Architekturen und Layertypen vorgestellt. Das Kapitel schließt mit einem Überblick über die Anwendungsgebiete von CNN. Die Ergebnisse der Arbeit werden im Fazit in Kapitel 4 zusammengefasst und kritisch beleuchtet.

---

[1] Nicht mit dem gängigen KNN-Algorithmus (K-Nearest-Neighbors) zu verwechseln

2. Deep Learning

2.1. Grundlagen

Unter Deep Learning versteht man einen Teilbereich des maschinellen Lernens, in dem mehrschichtige KNN eingesetzt werden, um Zusammenhänge in großen Datensätzen zu erlernen. KNN sind dabei universell für alle Arten des maschinellen Lernens (supervised, unsupervised, reinforcement learning) einsetzbar. Der Aufbau und die Funktionsweise eines KNN ist dabei an die Struktur und Funktionsweise biologischer Gehirne angelehnt (vgl. Buxmann und Schmidt 2021, S. 14; Sonnet 2022, S. 37; Goodfellow, Bengio, und Courville 2018, S. 14).

Im Kern besteht ein KNN aus einer Menge „verschachtelte[r], stetige[r], differenzierbare[r] Funktionen" (Weidman 2020, S. 41), die Eingabevektoren in Skalare umwandeln. Diese Funktionen werden als *Neuronen* bezeichnet und stellen die elementaren Bausteine (auch: Einheiten) eines KNN dar. Eine Menge parallel arbeitender Neuronen bezeichnet man dabei als *Schicht* (engl.: *layer)*. Die Neuronen einer Schicht sind über gewichtete Verbindungen („Synapsen") mit den Neuronen der nächsten Schicht verbunden[2]. Ein KNN besteht grundsätzlich aus einer *Eingabeschicht (Input layer)* und einer *Ausgabeschicht (Output layer)* die auch als sichtbare Schichten bezeichnet werden. Zwischen diesen Schichten kann eine beliebige Anzahl *versteckter Schichten (Hidden layers)* liegen, in denen die eigentliche Verarbeitung stattfindet. Die am weitesten verbreitete Schichtarchitektur ist die *fully-connected* oder *dense layer,* in der jedes Neuron mit allen Neuronen der vorherigen Schicht verbunden ist (vgl. Goodfellow, Bengio, und Courville 2018, S. 224). Den grundlegenden Aufbau zeigt Abbildung 1.

---

[2] Dies gilt so für Feedforward-Netze. Rekurrente neurale Networks können auch Verbindungen innerhalb der gleichen oder sogar zur vorherigen Schicht aufweisen (vgl. Sonnet 2022, S. 62). Für das Verständnis der vorliegenden Arbeit sind jedoch nur Feedforward-Netze relevant.

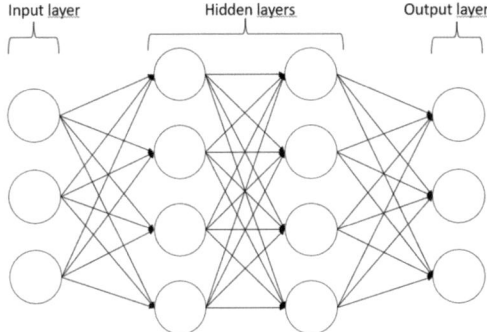

Abbildung 1: Schematische Darstellung eines Feedforward-Netzes mit zwei Hidden layers (eigene Darstellung)

Der Output eines Neurons i kann mathematisch als

$$out_i = f_{act}(net_i) \; mit \; net_i = \sum_{j}^{n} w_{ij} in_j + b_i$$

definiert werden. Der Netz-input net_i ist die Summe aus den Produkten der Inputs $(in_j, \dots, in_n)$ und individuellen Gewichten $(w_{ij}, \dots, w_{in})$ ergänzt um einen (optionalen) neuronenspezifischen Bias-Term b_i. Die (nicht-lineare) Aktivierungsfunktion f_{act} berechnet anhand des Netz-inputs, ob das Neuron aktiviert wird und einen Output erzeugt (was in der Regel durch das Überschreiten eines definierten Schwellenwerts Θ geschieht) oder ob es inaktiv bleibt (vgl. Tetzner u. a. 2021, S. 227-230; Sonnet 2022, S. 25-37; Hollstein 2023, S. 295).

KNN können mittels einer *loss function* trainiert werden. Hierbei werden die erzeugten Vorhersagen mit den Zielvariablen der Trainingsdaten verglichen und die numerische Abweichung (Fehler/loss) zwischen diesen Werten quantifiziert. Mittels eines geeigneten Verfahrens kann eine Anpassung der Gewichte bestimmt und diese im nächsten Trainingslauf angewendet werden, wodurch der Fehler verringert wird. Im Kontext von Deep Learning ist das auf Gradienten basierende Backpropagation-Verfahren weit verbreitet, um ein Globales Minimum der loss function zu finden und so die Vorhersagegenauigkeit zu erhöhen (vgl. Sonnet 2022, S. 51-60).

2.2.   Historische Entwicklung

Auch wenn es sich bei Deep Learning auf den ersten Blick um eine neuartige Technologie handelt, liegen die Ursprünge in der ersten Hälfte des letzten Jahrhunderts. Dabei kann die Geschichte des Deep Learning laut Goodfellow et al. (2018, S. 15-26) in drei Phasen unterteilt werden: die Pionierphase der **Kybernetik** (1940-1960), geprägt durch von der (Neuro)Biologie inspirierte Lernalgorithmen und der Entwicklung erster linearer Modelle, den **Konnektionismus** (1980-1995) mit komplexeren, tiefen KNN und der Popularisierung der Backpropagation-Methode und schließlich das moderne **Deep Learning** (ab 2006), das durch die Verfügbarkeit immer größerer Datensätze gepaart mit stetig steigender Leistung der Hardware das Trainieren immer komplexerer Modelle ermöglicht hat. Die folgende Zeitleiste gibt einen kurzen Überblick über die wichtigsten Meilensteine der jeweiligen Phasen in Bezug auf KNN im Allgemeinen und CNN im Speziellen.

1943: McCulloch und Pitts beschreiben die Funktionsweise biologischer Neuronen mittels eines Logikgatters mit binärer Ausgabe. Das „McCulloch-Pitts-Neuron" (MCP-Neuron) wird damit zur Grundlage von KNN (vgl. Raschka und Mirjalili 2018, Kap. 2.1).

1949: Frank Hebb definiert die *Hebb'sche Lernregel*, die bis heute als eine Grundlage Neuronaler Netze anzusehen ist (vgl. Tetzner u. a. 2021, S. 227).

1957: Frank Rosenblatt entwickelt auf Basis des McCulloch-Pitts-Neuronenmodells und der Hebb'schen Lernregel das *Perzeptron*, das erste künstliche Neuronale Netz, das aus einem einzelnen Neuron besteht. Das Perzeptron ist trainierbar, d.H. es ist in der Lage die Gewichtskoeffizienten selbst zu optimieren, um z.B. Klassifikationsaufgaben zu lösen, ist dabei jedoch auf linear trennbare Daten beschränkt (vgl. Sonnet 2022, S. 24-25). Fünf Jahre später beschreibt Rosenblatt ein mehrschichtiges Perzeptron, weswegen Rosenblatt als „Vater des Deep Learnings" angesehen werden kann (vgl. Tappert 2019).

1980: Fukushima entwickelt das *Neocognitron*, ein Deep-Learning-Modell zur Erkennung visueller Muster, basierend auf den Erkenntnissen von Hubel und Wiesel zur Funktionsweise des visuellen Systems bei Säugetieren. Fukushima legt damit einen entscheidenden Grundstein für die Entwicklung von CNNs, indem er die Konzepte der Faltung (Convolution) und des Poolings beschreibt (Fukushima 1980).

1986: Rumelhart, Hinton und Williams (1986) beschreiben die Anwendung des Backpropagation-Verfahrens für das effiziente Trainieren von Deep-Learning-Modellen. Diese Methode stellt das bis heute vorherrschende Trainingsverfahren dar (vgl. Goodfellow, Bengio, und Courville 2018, S. 18).

1998: LeCun et al. entwickeln die LeNet-5-Architektur zur Texterkennung und prägen den Begriff *Convolutional Neural Network* (1998). Gegen Ende der 90er werden ca. 10% der in den USA eingereichten Checks auf Basis des Modells maschinell ausgelesen (vgl. Goodfellow, Bengio, und Courville 2018, S. 414).

2006: Hinton, Osindero und Teh läuten die Ära des Deep Learning ein, indem sie aufzeigen, dass Deep Neural Networks mittels eines Greedy-Algorithmus effizient trainiert werden können.

2012: Das Team um Alex Krizhevsky gewinnt mit dem 13-schichtige CNN „AlexNet" die „ImageNet Large Scale Visual Recognition Challenge" (ILSVRC). Dabei kommt die kürzlich entwickelte Regularisierungsmethode „Dropout" zum Einsatz. AlexNet senkt die Fehlerrate in der Bilderkennung auf 15,3%, fast elf Prozentpunkte weniger als das Modell des Zweitplatzierten. Der Sieg von AlexNet startet den Siegeszug der CNN und entfacht weitreichendes kommerzielles Interesse an Deep Learning (vgl. Krizhevsky, Sutskever, und Hinton 2012; Zheng und Casari 2019, S. 144; Weidman 2020, S. 125; Goodfellow, Bengio, und Courville 2018, S. 414).

2014: Simonyan und Zissermann (2015) belegen mit ihrer VGG-Architektur den ersten Platz in der Localisation- und den zweiten Platz in der Classification-Kategorie der ILSVRC 2014. VGG verwendet Filter der Größe 3x3 statt der üblichen 11x11 oder 7x7 und ist für damalige Verhältnisse mit 16 bis 19 Schichten sehr tief. Den ersten Platz in der Classification-Kategorie belegt das Team von Google Inc. um Christian Szegedy (2014) mit deren GoogLeNet-Architektur, die mit zwölfmal weniger Parametern auskommt als AlexNet. GoogLeNet ist 22 Schichten tief und verwendet sogenannte Inception-Module und global average pooling.

2015: He et al.(2015) entwickeln die Residual-Networks-Architektur, die das Training von deutlich tieferen CNN als bisher ermöglicht. Mit einem 152-schichtigen ResNet gewinnen die Autoren die Classification-Kategorie der ILSVRC 2015.

2016: Google DeepMinds Programm „AlphaGo" schlägt den Meisterspieler Le Se-dol im Go und bringt damit Deep Learning in den medialen Mainstream (vgl. Sonnet 2022, S. 39). Für die Spielzuganalyse kommt ein CNN zum Einsatz, das das Spielfeld als 19 x 19 Pixel großes Bild mit 17 Kanälen darstellt (vgl. Weidman 2020, S. 135-136). Im gleichen Jahr wird die DenseNet-

Architektur von Huang et al. (2016) entwickelt, die bei annähernd gleicher Leistung einen kompakteren Aufbau als ResNets mit weniger Parametern ermöglicht.

2019: Entwicklung der „Octave Convolution", einer neuartigen Faltungsoperation für CNN durch Chen et al. (2019)

3. Convolutional Neural Networks (CNN)

3.1. Aufbau

Bei Convolutional Neural Networks (CNN) handelt es sich um eine spezielle Form von Feedforward-Netzen zur Verarbeitung von Daten in einer definierten rasterähnlichen Form (vgl. Goodfellow, Bengio, und Courville 2018, S. 369). Haupteinsatzgebiet ist dabei die Bildklassifizierung, wo CNN zum de facto Standard geworden sind (vgl. Weidman 2020, S. 126-127). Der Wirkmechanismus zur Objekterkennung ist dabei dem visuellen Kortex (Sehrinde) des menschlichen Gehirns nachempfunden. CNN unterscheiden sich von regulären KNN insbesondere durch Art und Funktionsweise der Schichten. Statt aus einer Abfolge von Dense layers sind CNN aus mehreren Blöcken aufgebaut, die aus einer Convolution layer gefolgt von einer Pooling layer bestehen, wie in Abbildung 2 dargestellt. Am Ende eines CNN sorgen Dense layers für den Output (vgl. Raschka und Mirjalili 2018, Kap. 15.1-15.3).

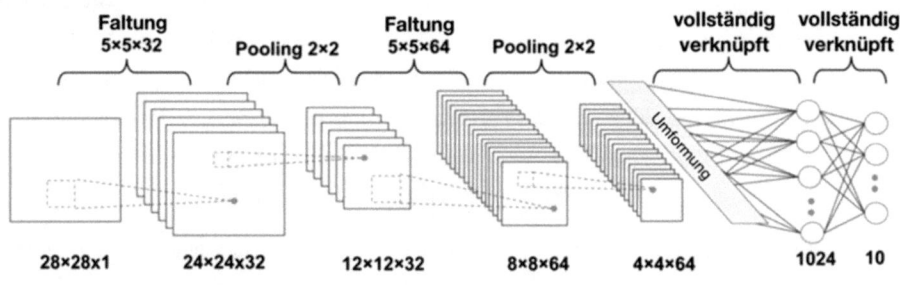

Abbildung 2: CNN-Architektur. Der Input ist ein Graustufenbild der Größe 28x28. Quelle: Raschka und Mirjalili 2018, Kap.l 15.3.1.

3.2. Funktionsweise

Herkömmliche Feedforward-Netze lernen, indem die für die Lösung der Aufgabe am besten geeigneten Linearkombinationen der Eingangsdaten (Features) mittels Gewichtsanpassungen verstärkt und weniger geeignete abgeschwächt werden (Feature/Representation Learning). Für Bilddaten ist diese Herangehensweise jedoch ungeeignet, da die räumliche Nähe der Pixel (=

Features) zueinander für die Mustererkennung relevant ist. Aus zufällig zusammengestellten Features ist kein sinnvolles Muster zu erwarten. In einer herkömmlichen Architektur besteht die Dense layer dazu aus Neuronen, die mit sämtlichen Features über Gewichte verbunden sind. Im Falle eines Bildes mit einer Auflösung von 1920 x 1080 Pixeln entspräche dies bereits mehr als Zwei Millionen Gewichten, was das Training zeit- und rechenintensiv machen würde. Statt alle möglichen Linearkombinationen der Pixel zu berechnen, setzen CNN deshalb eine sogenannte *Faltungsoperation (Convolution)* ein, bei der rechteckige (meist quadratische) Gewichtsmatrizen, sogenannte *Filter* bzw. *Kernel*, definiert werden. Diese Filter werden auf die Pixel eines Bildausschnitts derselben Größe angewendet, indem die Summe des resultierenden elementweisen Produkts gebildet wird. Dieses kann mit einem Bias-Term versehen und durch eine Aktivierungsfunktion geleitet werden und entspricht somit einem Neuron im CNN. Das aus dem Bildausschnitt durch die Gewichtungen definierte Feature stellt die Repräsentation eines visuellen Musters[3] dar. Der Filter wird anschließend von links nach rechts über das Bild bewegt, um zu prüfen, ob das Muster an der jeweiligen Position vorliegt. In der Regel kommt bei dieser Operation das sogenannte *Zero-Padding* zum Einsatz: die Bildpixel werden mit einem Rahmen von Nullen umgeben, um ein „Schrumpfen" des Outputs zu verhindern. Die generelle Funktionsweise der Operation ist in Abbildung 3 dargestellt. Den Output einer solchen Operation bezeichnet man als *Feature Map*. Diese zeigt an, wo im Ursprungsbild das ermittelte Muster existiert (vgl. Weidman 2020, S. 127-131).

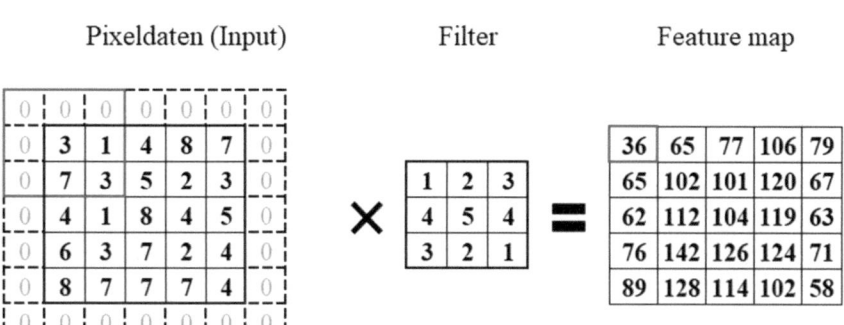

Abbildung 3: Beispielhafte Faltungsoperation mit Zero-Padding. Ohne dieses Auffüllen würde die Feature map von n*n auf (n-k+1)*(n-k+1) Pixel schrumpfen, wobei n*n die Größe des Bildes und k*k die des Filters darstellt (eigene Darstellung, angelehnt an Sonnet 2022, S. 67).

---

[3] Beispielsweise Kanten, Linien oder Ecken

In einer Convolutional Layer kommt eine Anzahl von f Filtern zum Einsatz, die f Feature Maps erzeugen. Die Feature Maps einer Schicht werden als *Kanäle* oder *Channels* der Convolutional layer bezeichnet. Der Output der layer ist damit ein dreidimensionales Array der Form f Kanäle * $n * m$ Pixel (vgl. Weidman 2020, S. 132-156).

Auf die Convolution layer folgt eine **Pooling layer**, die ein Downsampling der Kanäle durchführt, um die Anzahl der Features und damit der notwendigen Berechnungen zu verringern. Dazu werden die Kanäle in 2*2 Pixel große, nicht-überlappende Bereiche eingeteilt, auf die ein Pooling-Algorithmus angewendet wird. Die beiden gängigsten Pooling-Algorithmen sind das *Max Pooling*, bei dem nur der größte Wert eines Rasters zum Output wird oder das *Mean Pooling*, bei dem der Durchschnittswert des jeweiligen Rasters weitergegeben wird. Der dadurch entstehende Informationsverlust von drei Vierteln der Eingangswerte wird durch die Effizienzsteigerung und eine verbesserte Robustheit gegen Overfitting[4] ausgeglichen, ist jedoch nicht unumstritten. In neueren Architekturen wie ResNets wird deswegen nicht oder nur spärlich auf Pooling zurückgegriffen. Stattdessen wird der Hyperparameter *Stride*, die Schrittweite des Filters bei der Faltungsoperation, angepasst (vgl. Weidman 2020, S. 136-142; Raschka und Mirjalili 2018, Kapitel 15.1.3).

Um Vorhersagen treffen zu können, müssen die dreidimensionalen Outputs der Faltungsoperationen eine Dimensionsreduktion durchlaufen. Dies geschieht in der Dense layer am Ende eines CNN, die auch *Flatten layer* genannt wird, indem die Kanäle in einen Vektor aus $f*n*m$ Merkmalen transformiert wird. (QUELLE)

3.3. Regularisierung

Unter dem Begriff „Regularisierung" versteht man im Kontext von ML die Modifikation des eingesetzten Modells bzw. Lernalgorithmus mittels verschiedener Verfahren, mit dem Ziel, Overfitting zu verringern und das Modell somit besser generalisierbar zu machen (vgl. Goodfellow, Bengio, und Courville 2018, S. 130-133). Neben der gängigen L^2-*Parameter*-

---

[4] Overfitting bezeichnet ein allgemeines Problem beim Training von ML-Modellen, das durch das Erlenen von Rauschen in spezifischen Datensätzen bzw. das „Auswendiglernen" der Eingangsdaten entsteht (vgl. Grus 2020, S. 153). Bei KNN steigt die Wahrscheinlichkeit von Overfitting mit zunehmender Komplexität des Netzes, d.H. bei großer Tiefe (Anzahl an Schichten) und/oder Breite (Anzahl der Neuronen pro Schicht) des Netzes (vgl. Srivastava u. a. 2014, S. 1929).

Regularisierung, auch als Ridge-Regression oder Tikhonov-Regularisierung bekannt, hat sich die *Dropout* Methode als besonders effizient für sehr tiefe Netze herausgestellt, da sie effektiver und rechnerisch weniger intensiv ist als andere Methoden wie beispielsweise Weight Decay, Filterbedingungen oder sparse activity regularization (vgl Goodfellow, Bengio, und Courville 2018, S. 294-295). Bei der Dropout-Regularisierung wird aus einem umfangreichen Ausgangsnetz eine Vielzahl kleinerer, weniger komplexer Subnetze erzeugt. Dies geschieht durch das zufällige Ausschalten einer beliebigen Anzahl von Neuronen über alle Schichten hinweg, indem das jeweilige Neuron mit einer definierten Wahrscheinlichkeit p im Netz verbleibt (im Regelfall ist p = $0,5$ für Neurone einer Hidden layer und $0,5 < p < 1,0$ für die Input layer). Das Ausschalten der Neurone bringt damit eine Art Rauschen in das Netz ein. Jedes erzeugte Subnetz wird anhand desselben Eingangsdatensatzes trainiert und die berechneten Gradienten aller Subnetze letztendlich gemittelt, um für die Vorhersage mit dem ursprünglichen Ausgangsnetz verwendet werden zu können. Die Dropout-Methode eignet sich für eine Vielzahl an Aufgaben und Netzarchitekturen. Vorteil der Methode ist die deutlich verbesserte Robustheit gegen Overfitting (auch im Vergleich zu anderen Regularisierungsmethoden), größter Nachteil ist der Zwei- bis Dreimal höhere Trainingsaufwand im Vergleich zu einem herkömmlichen Netz gleicher Architektur (vgl. Srivastava u. a. 2014; Raschka und Mirjalili 2018, Kapitel 15.1.4).

3.4. Fortgeschrittene Architekturen

Spätestens seit dem Erfolg von AlexNet wird beständig an Verbesserungsmöglichkeiten für CNN geforscht. Dabei konnten Erfolge mit neuen Architekturen und Layertypen erzielt werden, die die Leistungsfähigkeit von CNN beständig erhöht haben. Exemplarisch sollen hier die wichtigsten Entwicklungen der letzten Jahre oberflächlich erläutert werden.

3.4.1. ResNets

Bei Residual Networks (ResNets) handelt es sich um eine CNN-Architektur, die 2015 von He et al. entwickelt wurde, um das Training sehr tiefer CNN mit mehr als 100 Schichten zu ermöglichen. Tiefe CNN leiden unter „Gradientendegeneration", dem Problem, dass Gradienten bei zunehmender Netztiefe zu klein oder zu groß werden, um das Netzwerk effizient zu trainieren, was die Vorteile tiefer Netze gegenüber flacheren Netzen negiert. Um dieses Problem zu beheben, führt die ResNet-Architektur sogenannte "residual learning blocks" (RLB) ein, die statt des direkten Mappings von Input zu Output einer Schicht die Restwertfunktion, also die Differenz zwischen Output und Input, erlernen. Ein ResNet besteht dabei aus einer Abfolge solcher RLB, dargestellt in Abbildung 4, die mit einer "identity shortcut connection" ausgestattet sind. Diese ermöglichen das Überspringen von Schichten und führen ein "identity mapping" aus, bei dem der Input des Blocks (das Ergebnis der Identitätsfunktion) zum Output addiert wird. Damit ermöglicht ein RLB einen vereinfachten Gradientenfluss bei der Backpropagation, da nicht die komplette Kette der Funktionen durchlaufen werden muss. Die Autoren konnten in ihrem Paper zeigen, dass ResNet-Modelle mit 34, 50, 101 und 152 Schichten die Leistung flacherer CNN deutlich übertreffen. Trotz ihrer Komplexität und Tiefe sind ResNets wesentlich effizienter zu trainieren und einfacher zu skalieren als herkömmliche CNN (vgl. He u. a. 2015).

Anm. der Red.: Diese Abb. wurde aus urheberrechtlichen Gründen entfernt.

Abbildung 4: Ein residual learning block mit dem Output der Funktion F(x) und dem Input x (Quelle: (He u. a. 2015, S. 2)

3.4.2. DenseNets

Die „Dense Convolutional Network"-Architektur (DenseNet) von Huang et al. (2016) baut auf den Erkenntnissen von ResNets auf, dass Architekturen mit zusätzlichen Verbindungen[5] zwischen den Schichten tiefere Modelle mit verbesserter Leistung ermöglichen. DenseNets gehen jedoch einen Schritt weiter, indem sogenannte „dense blocks" eingeführt werden, innerhalb deren eine Schicht mit allen nachfolgenden Schichten direkt verbunden ist. Dies bedeutet, dass eine Schicht alle Feature Maps der vorherigen Schichten als Input erhält und folglich der Output der Schicht wiederum als Input der nachfolgenden Schichten fungiert. Im Gegensatz zu ResNets werden die Outputs jedoch nicht addiert, sondern verkettet, d.h. es werden Dimensionen hinzugefügt statt Werte addiert. Zwischen den dense blocks befindet sich jeweils eine „transition layer" bestehend aus einer Convolution- und einer Pooling layer, die dafür zuständig ist, die Feature Maps des vorhergehenden dense blocks zu komprimieren. Abbildung 5 zeigt eine konzeptionelle Darstellung der Architektur.

Anm. der Red.: Diese Abb. wurde aus urheberrechtlichen Gründen entfernt.

Abbildung 5: Grundlegender Aufbau eines DenseNets (Quelle: Huang et al. 2016)

Mit der DenseNet-Architektur lassen sich besonders tiefe Netze konzipieren, die nicht unter Gradientendegeneration leiden. Dabei erzielen diese eine vergleichbare Leistung zu ResNets, benötigen dafür jedoch nur rund ein Drittel der Parameter, womit ein geringerer Ressourcenverbrauch in Bezug auf Speicher- und Rechenleistung einhergeht.

---

[5] Z.B. die identity shortcut connections in ResNets

3.4.3. Octave Convolutions

Bei „Octave Convolutions" (OctConv) handelt es sich um eine neuartige Faltungsoperation, die die herkömmlichen Convolution layers eines CNN ersetzen kann, ohne dass die Netzwerkarchitektur verändert werden muss. Der Einsatz von OctConv ermöglicht eine Steigerung der Vorhersagegenauigkeit bei gleichzeitiger Verringerung des Ressourcenbedarfs in Bezug auf Speicher- und Rechenkapazität. OctConv wurden unter der Annahme entwickelt, dass die Verarbeitung von Bilddaten effizienter gestaltet werden kann, indem redundante Informationen in den Feature Maps verringert werden. Dies geschieht durch die Unterscheidung der Bildinformationen in hoch- und niedrigfrequente Feature Maps: hochfrequente Feature Maps entsprechen der üblichen Faltungsoperation mit kleinen Filtern zur Mustererkennung feiner Details wie Kanten oder Linien. Niedrigfrequente Feature Maps sind zuständig für die Erkennung globaler Muster und Strukturen und verwenden daher deutlich größere Filter. Der Unterschied in der Auflösung zwischen hoch- und niedrigfrequenter Feature Maps beträgt dabei eine Oktave.

3.5. Beispielhafte Anwendungsgebiete

Die vorherigen Kapitel dieser Arbeit haben gezeigt, dass CNN insbesondere für die Arbeit mit Bilddaten geeignet sind und dort den de facto Standard darstellen. Dabei wurden Aufgaben wie die Muster- und Objekterkennung (beispielsweise für handgeschriebene Ziffern), Klassifizierung und Positionsbestimmung erwähnt. Weitere Anwendungen aus dem Bereich der Bildverarbeitung umfassen die medizinische Diagnostik (vgl. Avilov u. a. 2020; Vu 2024), Gesichts- und Emotionserkennung (Zhang und Zhang 2014; Qu, Dhakal, und Carrillo 2023) sowie der Einsatz in der Landwirtschaft zur Erkennung von Krankheiten und Mangelerscheinungen an Nutzpflanzen (Sethy u. a. 2020; Rani u. a. 2022).

Abseits der Bildverarbeitung kommen CNN inzwischen auch für Anwendungen in Betracht, die bisher mit klassischen ML-Algorithmen oder anderen statistischen Methoden gelöst wurden. Van den Oord, Dieleman und Schrauwen (2013) haben CNN erfolgreich für Recommender Systems eingesetzt und bessere Ergebnisse als mit klassischen Ansätzen erzielt. Collobert und Weston (2008) haben gezeigt, dass CNN auch für Natural Language Processing eingesetzt werden können. Tsantekidis et al. (2017) konnten gute Ergebnisse bei der Vorhersage von Aktienkursen mittels CNN erreichen.

4. Fazit und kritische Würdigung

In diesem Assignment wurde ein grundlegender Einblick in die Funktionsweise und den Aufbau von Convolutional Neural Networks vermittelt, angefangen bei den Basiskonzepten des Deep Learnings und Feedforward-Netzen bis hin zur spezifischen Unterscheidung in Architektur und Funktionsweise von CNNs gegenüber traditionellen KNN. Durch die Betrachtung aktueller Architekturen wie ResNets, DenseNets und innovativer Methoden wie den Octave Convolutions, sowie einen historischen Überblick über die Entwicklung von KNN und CNN, konnte die bedeutende Rolle der CNNs in der Disziplin des Deep Learnings verdeutlicht werden. Aufgrund der Umfangsbeschränkungen der Arbeit konnte allerdings nur oberflächlich auf die verschiedenen Konzepte eingegangen werden. Erklärungen zu den mathematischen Grundlagen wurden überwiegend ausgeklammert. Ebenso konnte nicht auf die Implementierung von CNN mittels gängiger Programmbibliotheken wie Pytorch, Scikit-learn oder TensorFlow eingegangen werden. Die Darstellung von Deep Learning, KNN und CNN beschränkt sich deshalb nur auf die notwendige Theorie, die zudem stark vereinfacht werden musste. Diese Arbeit kann folglich nur als Einstieg in das Thema angesehen werden, bietet mit der ausgiebigen Literaturarbeit jedoch viele Ansatzpunkte für weitere Exploration, wobei zukünftige Forschungsarbeiten sich den fortwährenden Entwicklungen und der Vertiefung der praktischen Anwendung von CNNs widmen sollten.

Literaturverzeichnis

Avilov, Oleksii, Sébastien Rimbert, Anton Popov, und Laurent Bougrain. 2020. „Deep Learning Techniques to Improve Intraoperative Awareness Detection from Electroencephalographic Signals". In *2020 42nd Annual International Conference of the IEEE Engineering in Medicine & Biology Society (EMBC)*, 142–45. https://doi.org/10.1109/EMBC44109.2020.9176228.

Buxmann, Peter, und Holger Schmidt. 2021. „Grundlagen der Künstlichen Intelligenz und des Maschinellen Lernens". In *Künstliche Intelligenz: mit Algorithmen zum wirtschaftlichen Erfolg*, herausgegeben von Peter Buxmann und Holger Schmidt, 2., aktualisierte und erweiterte Auflage, 3–25. Berlin [Heidelberg]: Springer Gabler. https://doi.org/10.1007/978-3-662-61794-6.

Chen, Yunpeng, Haoqi Fan, Bing Xu, Zhicheng Yan, Yannis Kalantidis, Marcus Rohrbach, Shuicheng Yan, und Jiashi Feng. 2019. „Drop an Octave: Reducing Spatial Redundancy in Convolutional Neural Networks with Octave Convolution". arXiv. http://arxiv.org/abs/1904.05049.

Collobert, Ronan, und Jason Weston. 2008. „A unified architecture for natural language processing: deep neural networks with multitask learning". In *Proceedings of the 25th international conference on machine learning*, 160–67. ICML '08. New York, NY, USA: Association for Computing Machinery. https://doi.org/10.1145/1390156.1390177.

Frick, Detlev, Andreas Gadatsch, Jens Kaufmann, Birgit Lankes, Christoph Quix, Andreas Schmidt, und Uwe Schmitz, Hrsg. 2021. *Data Science: Konzepte, Erfahrungen, Fallstudien und Praxis*. Wiesbaden [Heidelberg]: Springer Vieweg. https://doi.org/10.1007/978-3-658-33403-1.

Fukushima, Kunihiko. 1980. „Neocognitron: A Self-Organizing Neural Network Model for a Mechanism of Pattern Recognition Unaffected by Shift in Position". *Biological Cybernetics* 36 (4): 193–202. https://doi.org/10.1007/BF00344251.

Goodfellow, Ian, Yoshua Bengio, und Aaron Courville. 2018. *Deep Learning: das umfassende Handbuch: Grundlagen, aktuelle Verfahren und Algorithmen, neue Forschungsansätze*. Übersetzt von Guido Lenz. 1. Auflage. mitp Business. Frechen: mitp.

Grus, Joel. 2020. *Einführung in Data Science: Grundprinzipien der Datenanalyse mit Python*. Übersetzt von Kristian Rother und Thomas Demmig. 2. Auflage. Heidelberg: O'Reilly.

He, Kaiming, Xiangyu Zhang, Shaoqing Ren, und Jian Sun. 2015. „Deep Residual Learning for Image Recognition". arXiv. http://arxiv.org/abs/1512.03385.

Hollstein, Ralf. 2023. *Optimierungsmethoden: Einführung in die klassischen, naturanalogen und neuronalen Optimierungen*. Wiesbaden [Heidelberg]: Springer Vieweg. https://doi.org/10.1007/978-3-658-39855-2.

Huang, Gao, Zhuang Liu, Laurens van der Maaten, und Kilian Q. Weinberger. 2016. „Densely Connected Convolutional Networks". https://doi.org/10.48550/ARXIV.1608.06993.

Kaplan, Jerry. 2017. *Künstliche Intelligenz*. 1. Auflage. Frechen: mitp Verlags GmbH & Co. KG.

Krizhevsky, Alex, Ilya Sutskever, und Geoffrey E Hinton. 2012. „ImageNet classification with deep convolutional neural networks". In *Advances in neural information processing systems*, herausgegeben von F. Pereira, C.J. Burges, L. Bottou, und K.Q. Weinberger. Bd. 25. Curran Associates, Inc. https://proceedings.neurips.cc/paper_files/paper/2012/file/c399862d3b9d6b76c8436e924a68c45b-Paper.pdf.

LeCun, Yann, Léon Bottou, Yoshua Bengio, und Patrick Haffner. 1998. „Gradient-based learning applied to document recognition". *Proceedings of the IEEE* 86 (11): 2278–2324. https://doi.org/10.1109/5.726791.

Oord, Aaron van den, Sander Dieleman, und Benjamin Schrauwen. 2013. „Deep content-based music recommendation". In *Advances in Neural Information Processing Systems*. Bd. 26. Curran Associates, Inc.

https://proceedings.neurips.cc/paper/2013/hash/b3ba8f1bee1238a2f37603d90b58898d-Abstract.html.

Qu, Deyuan, Sudip Dhakal, und Dominic Carrillo. 2023. „Facial Emotion Recognition using CNN in PyTorch". arXiv. http://arxiv.org/abs/2312.10818.

Rani, G. Elizabeth, E. T. Venkatesh, K Balaji, Balasaraswathi Yugandher, Adiki Nithin Kumar, und M. Sakthimohan. 2022. „An automated prediction of crop and fertilizer disease using Convolutional Neural Networks (CNN)". *2022 2nd International Conference on Advance Computing and Innovative Technologies in Engineering (ICACITE)*, 1990–93.

Raschka, Sebastian, und Vahid Mirjalili. 2018. *Machine Learning mit Python und Scikit-learn und TensorFlow: das umfassende Praxis-Handbuch für Data Science, Deep Learning und Predictive Analytics*. Übersetzt von Knut Lorenzen. 2., Aktualisierte und Erweiterte Auflage. Frechen: mitp.

Rumelhart, David E., Geoffrey E. Hinton, und Ronald J. Williams. 1986. „Learning representations by back-propagating errors". *Nature* 323: 533–36.

Sethy, Prabira Kumar, Nalini Kanta Barpanda, Amiya Kumar Rath, und Santi Kumari Behera. 2020. „Nitrogen Deficiency Prediction of Rice Crop Based on Convolutional Neural Network". *Journal of Ambient Intelligence and Humanized Computing* 11 (11): 5703–11. https://doi.org/10.1007/s12652-020-01938-8.

Simonyan, Karen, und Andrew Zisserman. 2015. „Very Deep Convolutional Networks for Large-Scale Image Recognition". arXiv. http://arxiv.org/abs/1409.1556.

Sonnet, Daniel. 2022. *Neuronale Netze kompakt: vom Perceptron zum Deep Learning*. IT kompakt. Wiesbaden [Heidelberg]: Springer Vieweg.

Srivastava, Nitish, Geoffrey Hinton, Alex Krizhevsky, Ilya Sutskever, und Ruslan Salakhutdinov. 2014. „Dropout: A simple way to prevent neural networks from overfitting". *Journal of Machine Learning Research* 15 (56): 1929–58.

Szegedy, Christian, Wei Liu, Yangqing Jia, Pierre Sermanet, Scott Reed, Dragomir Anguelov, Dumitru Erhan, Vincent Vanhoucke, und Andrew Rabinovich. 2014. „Going Deeper with Convolutions". arXiv. http://arxiv.org/abs/1409.4842.

Tappert, Charles C. 2019. „Who is the father of deep learning?" In *2019 international conference on computational science and computational intelligence (CSCI)*, 343–48. https://doi.org/10.1109/CSCI49370.2019.00067.

Tetzner, Anja, Tom Kühne, Peter Gluchowski, und Melanie Pfoh. 2021. „Künstliche Neuronale Netze - Aufbau, Funktion und Nutzen". In *Data Science: Konzepte, Erfahrungen, Fallstudien und Praxis*, herausgegeben von Detlev Frick, Andreas Gadatsch, Jens Kaufmann, Birgit Lankes, Christoph Quix, Andreas Schmidt, und Uwe Schmitz, 225–40. Wiesbaden [Heidelberg]: Springer Vieweg. https://doi.org/10.1007/978-3-658-33403-1.

Tsantekidis, Avraam, Nikolaos Passalis, Anastasios Tefas, Juho Kanniainen, Moncef Gabbouj, und Alexandros Iosifidis. 2017. „Forecasting Stock Prices from the Limit Order Book Using Convolutional Neural Networks". In *2017 IEEE 19th Conference on Business Informatics (CBI)*, 01:7–12. https://doi.org/10.1109/CBI.2017.23.

Vu, Ha Anh. 2024. „Integrating Preprocessing Methods and Convolutional Neural Networks for Effective Tumor Detection in Medical Imaging". arXiv. http://arxiv.org/abs/2402.16221.

Weidman, Seth. 2020. *Deep Learning - Grundlagen und Implementierung: neuronale Netze mit Python und PyTorch programmieren*. Übersetzt von Jørgen W. Lang. 1. Auflage. Heidelberg: O'Reilly.

Zhang, Cha, und Zhengyou Zhang. 2014. „Improving multiview face detection with multi-task deep convolutional neural networks". In *IEEE Winter Conference on Applications of Computer Vision*, 1036–41. https://doi.org/10.1109/WACV.2014.6835990.

Zheng, Alice, und Amanda Casari. 2019. *Merkmalskonstruktion für Machine Learning: Prinzipien und Techniken der Datenaufbereitung*. Übersetzt von Thomas Lotze. 1. Auflage. Heidelberg: O'Reilly.